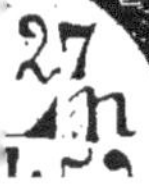

NOTICE

HISTORIQUE

SUR

M. DE VILLANTROYS

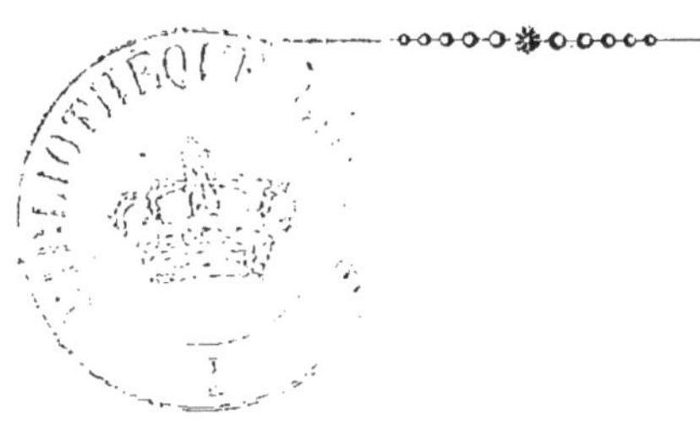

A PARIS

DE L'IMPRIMERIE DE CRAPELET

RUE DE VAUGIRARD, N° 9

1845

NOTICE HISTORIQUE

SUR

M. DE VILLANTROYS [1].

M. DE VILLANTROYS (Pierre-Laurent), fils de Jean-
Étienne-Laurent, secrétaire du roi, et de dame
Marie-Rose Souchet de Bisseau, est né à Paris, rue
Barbette, le 6 janvier 1752. Il entra au collége de
Juilly à l'âge de douze ans, et en sortit à quinze ans
après avoir terminé de fortes études. Son père,
qui le destinait à la magistrature, lui fit faire son
droit. Toutefois il entra en 1771 à l'école d'artillerie de Bapaume, sous le commandement de
M. de Gomer, et à la suppression de cette école,
en 1772, il passa à celle de Besançon, en attendant
une vacance.

---

[1] Cette Notice, imprimée à un très-petit nombre d'exemplaires,
est extraite du Journal des Armes spéciales, février 1845, et com-
plétée au moyen de renseignements recueillis trop tard pour que
le général Marion ait pu en faire usage.

Il fut nommé lieutenant d'artillerie au régiment de Grenoble en 1774, et capitaine au même régiment en 1786.

En 1792, 1793 et 1794, il commandait un détachement en Corse, où il fut fait chef de bataillon. Il servit dans diverses expéditions sur différents points de l'île, dont les habitants étaient révoltés, et à la défense de la baie de Saint-Florent contre les Anglais, qui y restèrent depuis le 27 thermidor jusqu'au 17 fructidor an 1er (du 14 juin au 3 septembre 1793) qu'ils furent obligés de l'abandonner. Ce fut l'artillerie que M. de Villantroys commandait qui les força de se retirer après avoir eu deux vaisseaux et une frégate fort endommagés.

Il fut fait prisonnier le 26 pluviôse an II (14 février 1794) par les Anglais, qui étaient revenus attaquer la Corse après le siége de Toulon. Il était au fort de Fornali, à une demi-lieue nord-ouest de Saint-Florent, ce qui n'était pas son poste, sa résidence étant à Saint-Florent, mais où il se rendit par zèle et sur le simple désir que lui en témoigna le général Gentilii. Après un feu continuel de deux jours et une nuit, pendant lequel il perdit cent quatre-vingts hommes sur quatre cents, il y fut pris d'assaut au commencement de la deuxième nuit. Il avait reçu deux coups de fusil, l'un dans ses habits, l'autre dans son chapeau.

Le conventionnel Salliceti, en mission dans cette île à cette même époque, lors de son retour à Paris, dit à la famille de M. de Villantroys que cet officier avait été, sous ses yeux, écrasé par une bombe. Ses parents le pleuraient et portaient son deuil quand ils reçurent une lettre de lui datée d'Angleterre. Pris à Saint-Florent, M. de Villantroys avait été conduit à Gibraltar et ensuite à Londres. La facilité qu'il avait à parler la langue anglaise et son instruction remarquable, lui rendirent moins pénible qu'à d'autres son séjour sur une terre ennemie. Peu de temps après, c'est-à-dire vers le commencement de 1795, M. de Villantroys, rentré en France sur la promesse de ne pas servir contre les Anglais, fut attaché au comité central de l'artillerie. Pendant son séjour à Paris il suivait des cours publics, et préparait pour l'école polytechnique deux fils de ses sœurs, MM. de Villiers [1] et Vivien de Châteaubrun. Il eut la satisfaction de les voir entrer à cette école après huit à dix mois de ses instructions suivies et de ses conseils persévérants.

---

[1] M. de Villiers est aujourd'hui inspecteur général des ponts et chaussées, et M. le colonel de Châteaubrun, qui était directeur de l'artillerie à la Fère en 1830, a cru devoir demander sa retraite immédiatement après la révolution de juillet, n'étant âgé que de quarante-neuf ans.

En 1798, M. de Villantroys était attaché au parc
d'artillerie de Bruxelles comme sous-directeur, ou
directeur *par intérim*. Il fut rappelé au comité
central d'artillerie. Promu au grade de colonel
en 1800, après plusieurs passe-droits, il fut envoyé
à l'armée de réserve pour l'Italie. Il passa le grand
Saint-Bernard avec le Premier Consul, pour aller à
Marengo, en compagnie de M. d'Aboville, fils aîné,
menant leurs chevaux par la bride.

Il fut adjoint au directeur général du parc d'artillerie de l'armée, le général Gassendi, et le remplaça provisoirement. Le général Alix ayant été
nommé directeur général du parc d'artillerie,
M. de Villantroys fut chargé du commandement
de l'artillerie en Lombardie et de la direction de
Milan, ce qu'il regarda comme une disgrâce. Il fut
désigné pour la direction de Toulon; mais à la paix
de Lunéville il rentra en France et fut directeur
général des forges de l'artillerie, en remplacement
du général Gassendi, attaché au ministère de la
guerre; et il fit d'une manière inaccoutumée l'in-
spection réelle de ces forges.

En 1803 et 1805, il était directeur général des
parcs d'artillerie des côtes de l'Océan. Étant à
Montreuil-sur-Mer, il s'occupa d'un problème pro-
posé par l'Empereur : *Trouver une bouche à feu qui
puisse lancer un projectile creux à une lieue au*

moins. Il résolut ce problème théoriquement, et obtint de faire fondre à Douay un mortier long du calibre de neuf pouces, et de faire couler des projectiles creux pour cette bouche à feu. Les expériences qu'il fit alors eurent un plein succès. Il obtint des portées de 2 500 toises, au bout desquelles le projectile éclatait. Le départ de l'armée pour l'Allemagne fit oublier le problème; les expériences furent suspendues, et le mortier long fut scié.

Offensé d'un passe-droit qui lui fut fait au moment où le grade de général lui était dû, M. de Villantroys profita de la levée du camp de Boulogne pour se retirer.

Les Français, devant Cadix, ayant besoin de bouches à feu à grande portée pour leurs opérations du siége, on pensa aux mortiers longs de M. de Villantroys. M. le colonel Freuchart, aidé des conseils du général Berge, chef d'état-major du général Sénarmont, fit couler à Séville des mortiers obusiers de huit pouces, qui donnèrent des portées de 2 200 à 2 300 toises. Le maréchal Soult les baptisa du nom de Villantroys. Le général Ruty, qui remplaça le général Sénarmont, ordonna la fonte d'obusiers de dix pouces [1] qui donnèrent

---

[1] Un de ces obusiers est placé comme un trophée sur le champ de parade du palais de l'amirauté à Londres.

des portées de 2 500, 2 600 et 2 800 toises. Ces faits remarquables attirèrent les regards du gouvernement, et firent engager l'inventeur, M. de Villantroys, alors en retraite, à diriger lui-même la fabrication de ces mortiers obusiers, et à suivre les épreuves et les expériences pour en constater les résultats. M. de Villantroys reprit avec zèle et dévouement ses anciens travaux, fit couler deux obusiers, l'un de neuf pouces et l'autre de 11 pouces, et construire des affûts pour ces bouches à feu. Les expériences furent faites à l'école d'artillerie de la Fère, commandée par le général d'Aboville, et M. de Villantroys obtint des portées de 2 900 toises, avec les mortiers de onze pouces. Le général Sugny, inspecteur général de l'artillerie de la marine, sur les dessins et d'après les conseils de M. de Villantroys, fit couler en fonte de fer des obusiers de onze pouces qui furent placés sur les côtes battant les rades, véritable emploi de ces énormes bouches à feu à longue portée et peu maniables. L'Empereur, qui avait confirmé le nom de Villantroys donné à ces obusiers, accorda à cet officier, pour reconnaître des services aussi marquants, une pension honorifique de 3 000 fr. que M. de Villantroys préféra à sa pension de retraite, lorsqu'après la restauration les charges du gouvernement l'obligèrent à opter.

M. de Villantroys reprit un moment de l'activité lors de la descente des Anglais à Flessingue en 1809. Il fut chargé du commandement de l'artillerie du corps d'observation de l'île de Cadsand, sous les ordres du maréchal Moncey : c'était un emploi d'officier général, car il avait plusieurs colonels sous ses ordres. A la dissolution de ce corps d'armée, il rentra dans la vie privée.

Depuis lors, et jusqu'à la fin de ses jours, il s'est occupé des sciences et de leur application à l'artillerie. Il a publié plusieurs ouvrages, savoir : la traduction du premier volume de Hutton, officier distingué de l'armée anglaise. Il ne fut pas seulement le traducteur de cet ouvrage estimé, publié sous le titre de : *Nouvelles Expériences d'artillerie,* il en fut aussi le commentateur. Un second volume de cet ouvrage a paru depuis et a été traduit en français par le professeur Terqueim. Cet ouvrage parut à M. de Villantroys d'autant plus important que les expériences faites en grand et avec beaucoup de soin, ont donné des résultats qui se sont trouvés d'accord avec ceux des expériences faites en petit par Robins, sur lesquelles Hutton a basé sa théorie du *Tir des projectiles.*

On a de M. de Villantroys plusieurs Mémoires imprimés. Nous citerons les suivants :

De l'instruction théorique à établir dans les écoles d'artillerie.

Examen de la question de savoir quelles sont, des voitures à deux roues et à quatre roues, celles qui conviennent le mieux à l'artillerie de campagne.

Deux mots en réponse aux volumineuses observations de Grosbert sur les voitures à deux roues.

Essai sur les effets de la poudre dans les armes à feu et dans les mines.

Supplément à cet Essai, et recherches des vitesses initiales dans les obusiers et les mortiers.

Ces deux dernières brochures déterminèrent M. Cazeaux, officier supérieur d'artillerie, à renoncer à la théorie qu'il désirait établir.

M. de Villantroys a de plus transmis plusieurs Mémoires importants au comité d'artillerie, dans les archives duquel ils se trouvent déposés ; ils n'ont pas été perdus pour tout le monde, et cependant le mérite des idées qu'ils contiennent n'a pas encore été et ne sera peut-être jamais attribué à leur auteur.

Fort mathématicien, M. de Villantroys étudiait les nouveaux cours d'astronomie de MM. Biot et Delambre, ainsi que la mécanique céleste de Laplace. Il cultivait aussi la littérature et la musique, suivait les Théâtres-Français et Italien, comme il aurait suivi des cours au collége de France, et traduisait pour son usage des livres italiens, allemands

et anglais. Il possédait parfaitement ces trois lan-
gues et les parlait facilement. Tous les livres de sa
bibliothèque sont chargés de notes savantes, d'une
belle écriture : car il écrivait très-bien, circonstance
rare chez les savants qui n'ont pas, comme M. de
Villantroys, la forte volonté de tout faire avec la
même perfection.

Dans le cours de sa carrière, il avait eu la chance
singulière de rencontrer, avant la révolution, deux
futurs maréchaux de l'Empire. Avec l'un il s'exerçait à Strasbourg à parler la langue allemande : et
à Grenoble, avec l'autre, il s'exerçait à la musique [1].

En 1814 il fut nommé commandant de l'artillerie
de la garde nationale de Paris.

Il était officier de la Légion d'honneur depuis
1804. En 1815 il en fut nommé commandant, et
reçut la croix de Saint-Louis. Il n'a jamais eu de
majorat. Quelques notes de sa main, trouvées dans
ses papiers, prouvent qu'il eut à se plaindre, même
dans la rédaction de ses états de services, de cer-
tains officiers supérieurs de son arme, à cause de
la mission spéciale, particulière et de confiance,
qu'il avait reçue de l'Empereur, et d'où est résultée

---

[1] Ces maréchaux de France furent Lefebvre, duc de Dantzig, et
Victor, duc de Bellune.

cependant une invention avantageuse à l'artillerie ; mais en général les chefs de ce corps n'aiment pas que l'on cherche à se soustraire à leur autorité immédiate.

M. de Villantroys, d'une économie rigoureuse pour lui-même, et riche de cette économie, était généreux pour ses parents et ses amis. Marié deux fois sans avoir eu d'enfants, il n'a pas laissé même de neveu de son nom.

M. de Villantroys n'eut qu'un faible dont il a été victime à soixante-sept ans, mais qui tenait encore à son esprit studieux ; c'est d'avoir consulté avec trop de confiance les livres de médecine.

M. de Villantroys, né le 6 janvier 1752, est mort le 16 janvier 1819.

Son corps a été porté, avec les honneurs militaires dus à son rang, au cimetière de l'Est, et déposé dans un tombeau élevé par sa veuve près du monument du lieutenant général d'Aboville, son ami, dont les deux fils, maréchaux de camp d'artillerie, se distinguaient en tête des officiers et des amis qui faisaient partie de son convoi.